AF382271

TRAITÉ DU FOUET ET DE SES EFFETS SUR LE PHYSIQUE DE L'AMOUR

ou Aphrodisiaque externe

Écrit par
François Amédée Doppet

RETROUVEZ TOUS NOS GRANDS CLASSIQUES ÉROTIQUES

GRANDS *classiques* .com

sur www.grandsclassiques.com

1
Traité du fouet et de ses effets
sur le physique de l'amour

L'amour étant nécessaire pour la propagation de l'espèce, il fallait que cette passion fût profondément enracinée dans le cœur de l'homme, que la nature nous en fit un besoin, et qu'elle y attachât la plus grande jouissance. Les plaisirs que procure l'amour sont les plus vifs que l'on puisse goûter, aussi leur donne-t-on le nom de volupté ; il est impossible de les avoir connus sans les rechercher de nouveau, et l'on en jouit aujourd'hui sans préjudice pour les désirs du lendemain. Cependant, quelque nécessaire que soit le sentiment de l'amour, il ne peut et ne doit faire notre bonheur qu'en s'y livrant avec modération ; car tout ce qu'on donne au corps au-delà de ses besoins l'affaiblit, et l'on trouve toutes sortes de maux dans le sein même de la volupté.

On est plus ou moins emporté par la violence de cette passion, suivant sa bonne ou mauvaise constitution ; ceux qui sont d'un tempérament sanguin ont les passions plus vives que les pituiteux. Le docteur Venette parle de la femme d'un Catalan qui, un jour, fut obligée d'aller se jeter aux pieds du roi, pour implorer son secours sur l'excessive vigueur de son mari qui, à ce qu'elle dit, *lui ôterait bientôt la vie, si l'on n'y mettait ordre*. Le roi fit venir ce mari pour savoir la vérité ; il avoua avec franchise que chaque nuit était marquée par dix triomphes ; sur quoi le roi lui défendit par arrêt, et *sur peine de la vie*, de s'abandonner plus de six fois à la violence de ses transports, de peur que par l'excès de ses embrassements, il n'accablât son épouse. Cet arrêt est fort singulier, mais il faut avouer qu'il est bien rare que les souverains soient dans le cas d'en porter de semblables.

Quel que soit le tempérament qu'on ait reçu de la nature, on ne saurait être homme longtemps, si l'on cède de bonne heure à l'empire de ses passions ; c'est pour cette raison que nos débauchés de Paris sont vieux à trente ans et décrépits à quarante. Lorsqu'on a abusé de son existence, si les désirs s'étaient anéantis comme les forces, ce ne serait alors qu'un demi-mal ; mais les êtres exténués ne sont que plus avides de ces plaisirs qu'une femme peut leur permettre, sans qu'il soit pourtant en son pouvoir de les leur faire goûter ; l'impuissance irrite alors les désirs, et l'on ne se lasse pas d'importuner la nature.

L'acte vénérien, quoique en lui-même salutaire, devient le principe de mille maux, par l'abus que quelques femmes en font ; en sorte que la source des plaisirs et de la vie se change souvent en une source de douleurs. Loin d'attendre que le physique parle, on se hâte de l'exciter ; et quels sont les moyens dont le libertinage ne se sert pas dans ce cas ! On a d'abord cherché dans les aliments ceux qui seraient les plus échauffants de leur nature ; on a ouvert les pharmacopées pour faire usage des cordiaux, des irritants et des aphrodisiaques ;

quelques médecins ont eu même assez peu de délicatesse pour donner des conseils dans de semblables occasions.

Les femmes n'ont rien oublié de leur côté pour s'attirer des hommages ; elles ont embelli tout ce qui peut décemment se montrer, et se sont vêtues de telle manière que ce qui se voit suffit pour donner une idée des charmes cachés. Cela suffirait sans doute ; mais l'art de la volupté devait pousser ses recherches plus loin.

Vénus eut bientôt des prêtresses qui se dévouèrent entièrement à l'amour ; la délicatesse fut bannie des temples que vint élever le plaisir ; et tout le culte s'y réduisait à chercher des ressources pour faire renaître le moment de la jouissance. Nos *couvents de courtisanes* sont les restes de ces monuments antiques, mais ils n'en sont pas moins courus, ni moins élégants. Ce n'est que là que le vieux financier peut, à force d'or, se rappeler, par intervalle, son antique existence : l'époux, que glace la décence et la monotonie de sa femme, vient y chercher des plaisirs qu'il n'ose exiger que là : le célibataire, qui a des raisons pour qu'on le croie tel, se glisse en secret dans les temples de ce genre, il y trouve les moyens de se débarrasser de son superflu, et de se parer en public de tous les dehors de la chasteté et de l'abstinence.

Les filles de joie sont-elles un mal nécessaire ? Doit-on le tolérer, ou l'empêcher ? Ce n'est pas ici le lieu d'agiter cette question, qu'il me soit seulement permis de dire qu'il y a beaucoup d'hommes qui en ont besoin.

Comme les temples de *Vénus* ne peuvent se soutenir que par les plaisirs qu'on y trouve, il a fallu que les prêtresses de cette divinité portassent toute leur attention de ce côté ; il est enfin nécessaire que la volupté soit leur unique étude… parures riches et légères… vêtements dégagés et ambrés… sourire engageant… démarche voluptueuse… appartements élégants… tableaux lascifs… bibliothèque choisie, etc., rien de ce qui peut tenter n'est oublié ; les courtisanes ont mille manières d'exciter l'acte toujours désiré. Cependant, à force d'user de ces moyens sans cesse répétés sur un même individu, la nature refuse enfin de se prêter aux efforts ordinaires ; on est forcé d'en employer de nouveaux. L'aspect d'une belle gorge, d'une jolie jambe, de quelque chose de plus encore, étant inutile ; une main gentille, adroite et légère n'ayant plus aucun pouvoir sur…

> Ce surplus, ce reste de machine,
> Bout de lacet aux hommes excédant ;
> La Fontaine, *Contes*.

On a tenté des épreuves extraordinaires ; et, comme j'ai dit que la délicatesse a été bannie de ces endroits, on n'a pas eu de violence à se faire pour se déterminer à les proposer et à s'y soumettre.

C'est dans les tourments qu'on a cherché des ressorts pour procurer les plaisirs de l'amour. On se sert des flagellations, afin d'opérer ce que peut seul l'aspect d'une belle femme sur un homme bien constitué. Ce moyen n'est point une invention moderne et ne prouve pas (comme le pensent quelques admirateurs de l'antiquité) que les mœurs soient plus dépravées que dans les siècles passés.

L'amour, qui fut de tout temps l'excitatif de tous les êtres, eut toujours ses vertus et ses vices. Si cette passion n'est pas aussi ancienne que le monde, elle a au moins quelques jours de plus que la découverte du *péché originel*. Les brosses à frictions, les verges, les martinets, dont se servaient jadis les prostituées de Babylone, de Tyr, d'Athènes et de l'ancienne Rome, n'étaient peut-être pas aussi élégants que le sont maintenant ceux de nos filles de Paris, de Londres, de Naples et de Venise. Mais on s'en servait pour le même usage, et le libertinage était alors au même point.

Nous lisons, dans des auteurs très anciens, les histoires de plusieurs hommes qui ne pouvaient se rendre propres au coït qu'après avoir été battus de verges, et même jusqu'à effusion de sang. Voici ce qu'écrivit, il y a plus de deux siècles, Jean Pic, prince de la Mirandole, au sujet d'une personne qu'il connaissait très particulièrement. « Il existe, dit-il, un homme d'une paillardise tellement désordonnée, qu'il ne peut se livrer à l'acte vénérien qu'après avoir été bien flagellé ; ce qu'il y a de singulier, c'est que le cruel préliminaire dont il ne pourrait se passer, ne le rend pas moins avide des plaisirs de l'amour. Lorsqu'il se rend chez une fille de joie, il lui remet un fouet qu'il a tenu pendant vingt-quatre heures dans le vinaigre pour l'endurcir par le moyen de cette infusion. La première faveur qu'il lui demande est qu'elle veuille bien ne pas le ménager.

La femme frappe, le sang coule, et la victime s'enflamme : ce misérable passe au même instant de la douleur à la volupté. Se peut-il, ajoute le même écrivain, qu'un homme recherche et trouve les plaisirs de l'amour dans les flagellations les plus cruelles ? »

Thomas Campanella nous a laissé dans un de ses écrits des observations de ce genre. Cœlius Rhodiginus fait aussi mention d'un fait semblable : « Il est mort, dit-il, depuis quelques années, un homme qui avait une singulière passion : son physique était tellement détruit qu'il ne pouvait y rappeler les feux de l'amour qu'après avoir été bien fustigé. Lorsqu'il était auprès d'une femme, on ne savait s'il désirait le fouet ou le coït ; car la première faveur qu'il demandait, ou plutôt la seule grâce qu'il implorait, était qu'elle voulût bien le battre de verges ; et ce n'est que dans le supplice que ses sens émus pouvaient se livrer et connaître les plaisirs de Vénus. »

On lit de semblables histoires dans les plus anciens ouvrages de médecine, de même que dans les livres de droit. André Tiraqueau cite dans son *Traité des lois du mariage*.

Sans chercher de tels exemples chez les anciens, nous en trouvons suffisamment parmi nous. Il y a quelques années, une femme fut accusée d'adultère par son mari ; les témoins déposèrent ; le fait fut prouvé ; et la coupable allait être condamnée, lorsqu'elle trouva les moyens de se justifier, en disant qu'on devait légalement lui pardonner ses faiblesses, puisqu'elle avait pour époux un malheureux qui ne pouvait payer les tributs de l'hymen que lorsqu'elle avait consenti à lui *donner le fouet* jusqu'au sang. Elle ajouta que, si cette manœuvre odieuse échauffait son mari, elle ne servait de son côté qu'à lui faire détester les embrassements qui en étaient la suite, et qu'il n'était pas surprenant qu'elle eût succombé à la tentation.

Promenons-nous un instant dans ces maisons où ce *vend le plaisir* ; c'est là que nous serons convaincus qu'il y a beaucoup d'hommes qui ont recours aux flagellations pour se disposer à livrer bataille à l'amour. Entrons dans les temples de Vénus, nous verrons des lambeaux de verges encore épars à l'entour de l'autel des sacrifices. Interrogez la déesse à ce sujet, elle aura bientôt satisfait votre curiosité ; elle vous montrera d'abord une petite poignée de verges qui est toujours attachée par un ruban des plus à la mode ; elle passera ensuite au *martinet* dont le bout de chaque cordon est garni d'une pointe d'or ou d'argent, et dont le manche qui est de bois de rose est entouré d'une garniture élégante et recherchée. Si vous lui demandez, comme le ferait un pauvre Provincial, à quoi servent ces petites armes, elle prendra, pour vous répondre, le ton le plus enfantin et vous dira, en minaudant avec la verge, que c'est, si vous le voulez, pour vous *donner du plaisir*. Il n'y a aucune prostituée qui ne propose au chasseur qui la poursuit de passer promptement à cette ressource, comme étant le préliminaire le plus infaillible, même pour un petit collet de soixante-dix ans.

J'ai été le témoin d'une scène bien singulière, et qui ne prouve que trop que l'amour l'emporte le plus souvent sur la plus forte raison. Étant à Paris, je fus appelé dans un des sérails de la rue Saint-Honoré pour donner des soins à une courtisane à laquelle venait d'échoir un petit lot en courant les hasards de l'amour. J'étais dans la cellule de la malade, lorsque j'entendis, dans la chambre voisine, la voix d'une femme qui semblait être fort en colère, et qui avait le ton le plus menaçant. La personne avec laquelle j'étais ne me donna pas le temps de l'interroger sur ce qui se passait près de nous ; me priant à voix basse de garder le silence, elle souleva fort doucement un des coins de la tapisserie et me plaça vis-à-vis d'une petite ouverture, par le moyen de laquelle j'assistai au spectacle le plus plaisant et en même temps le plus ridicule. Voici comment se passait cette scène qui, me dit-on, se jouait deux fois par semaine. La principale actrice était une brune assez jolie qui n'était vêtue qu'en partie, c'est-à-dire qu'elle montrait la gorge, les cuisses et les fesses. Les autres rôles étaient remplis par quatre vieillards à grande perruque, dont le costume, l'attitude et les grimaces m'obligeaient à chaque instant à me mordre les lèvres pour ne pas partir d'un éclat de rire. Ces libertins surannés jouaient, comme font quelquefois les enfants entre eux, au jeu du *maître d'école*. La fille, sa poignée de verges à la main, leur administrait tour à tour la petite correction ; le plus châtié était celui qui avait l'organisation la plus tardive. Les patients baisaient les fesses de la maîtresse, pendant que son beau bras se fatiguait sur leur cuir impudique ; et la comédie ne finissait que lorsqu'on était las de fatiguer la nature la plus appauvrie. Après que chacun se fut retiré, je quittai mon poste sans pouvoir me convaincre de la réalité des choses dont je venais d'être le témoin. Ma malade me plaisanta beaucoup sur ma surprise, et me raconta plusieurs faits encore plus ridicules qui se passaient tous les jours dans leur couvent. Nous avons, me dit-elle, la pratique des êtres les plus importants de Paris ; elle ajouta qu'elles avaient entre elles l'honneur de donner le fouet à tout ce qu'il y avait de mieux dans le clergé, la robe et la finance.

Il serait inutile de rapporter d'autres faits pour prouver que plusieurs personnes ont recours aux flagellations pour se rendre propres au coït. On n'a, comme je l'ai dit, qu'à interroger toutes les filles de joie, pour se convaincre de cette malheureuse vérité. Il me reste maintenant à démontrer comment et pourquoi le fouet produit un tel effet sur le physique ; cet examen nous conduira à découvrir des abus qu'il est important de détruire.

Lecteurs honnêtes et délicats ! vous, dont les oreilles ne se permirent jamais d'entendre aucun mot libre ni aucune phrase licencieuse, ayez le courage de m'écouter ! je parle pour vous instruire, et non pour vous corrompre. Je dévoile des erreurs qui subsisteront tant qu'on aura la faiblesse de les tenir secrètes. Les mœurs exigent qu'un citoyen zélé ne cache aucun crime à la loi, afin qu'elle puisse le punir : si le délateur peut quelquefois paraître scandaleux dans l'accusation qu'il en détaille, cette faute légère est bientôt effacée par la destruction du crime et du coupable.

2
Des causes par lesquelles les flagellations excitent à l'amour

Puisqu'on ne peut révoquer en doute ce que j'ai avancé dans le chapitre précédent, il me reste à chercher la cause de tels désordres. J. Pic de la Mirandole dit que les astrologues ne sont pas embarrassés pour expliquer de pareils phénomènes ; ils ne les attribuent qu'aux astres et à leur influence secrète. « Ils assurent que Vénus donne telle ou telle espèce de passion au nouveau-né, suivant la position où se trouve cette planète au moment de la naissance. » Junctin, qui a beaucoup écrit et déraisonné sur l'astrologie, est de ce sentiment que Jean Pic a combattu avec raison.

Le prince de la Mirandole croit que la triste nécessité où sont quelques personnes de recevoir le fouet pour les rendre propres au coït leur vient depuis l'enfance, c'est-à-dire que c'est un effet de l'habitude ; et voici sur quel fondement il appuie son opinion : « Connaissant, dit-il, un malheureux qui ne pouvait se livrer aux plaisirs de l'amour sans avoir été préalablement bien fustigé, je cherchai à en pénétrer la cause. Après différentes conversations que j'eus avec lui, il m'apprit qu'il avait été élevé dans une pension où ses petits compagnons ne s'amusaient qu'à se fouetter alternativement ; que ce jeu était une jouissance pour eux, et que cette jouissance s'était depuis lors changée en habitude. »

Cœlius Rhodiginus, dont je vais rapporter les propres paroles, était du même sentiment que Pic : « Ayant entendu dire qu'une personne de ma connaissance ne se livrait à l'acte vénérien qu'après avoir reçu le fouet, je voulus étudier la cause de cette passion contre nature. J'interrogeai cet homme singulier, qui m'assura qu'il avait pris cette habitude dans son enfance, qu'il connaissait toute l'horreur de ses procédés, mais qu'il ne pouvait se montrer homme qu'en recourant à cette vile ressource. »

Je suis loin de nier que l'habitude ne devienne souvent une seconde nature ; Aristote l'a prouvé trop éloquemment dans ses écrits. Galien et plusieurs autres grands médecins n'ont pas douté du pouvoir et de la force de l'habitude. Ennius l'a bien peint dans ces deux vers :

Usus longus mos est, ac meditatio crebra ;
Hunc tandem assero naturam mortalibus esse.

Quelle que soit la force d'une habitude contractée depuis l'enfance, on ne saurait toujours trouver en elle la cause qui force certains individus à se soumettre au fouet pour se livrer au coït. La cause éloignée de ces désordres est quelquefois l'effet d'une éducation vicieuse ; mais il s'agit maintenant d'en rechercher la cause prochaine, et c'est ce qu'on ne peut faire qu'à l'aide du flambeau de la physiologie et de l'anatomie.

Il faut d'abord observer que les flagellations réchauffent la partie qu'on soumet à l'opération, et qu'elles y attirent le sang en quantité. Quelques médecins faisaient battre de verges une partie, lorsque le sentiment venait de s'y éteindre. Cette pratique subsiste encore en partie, car on fouette avec une poignée d'orties piquantes la partie où il est nécessaire de rappeler la chaleur. Les frictions avec les brosses ou la flanelle font à la longue ce que feraient les flagellations qu'on n'ordonne plus, vu la délicatesse des malades.

Puisque l'effet des flagellations est de rappeler la chaleur dans une partie, il ne sera pas difficile de concevoir par quel mécanisme le fouet irrite et élève le membre viril : examinons la structure de cette partie et de celles qui l'environnent.

Ceux qui se font fustiger pour se rendre propres au coït exigent qu'on frappe toujours sur le dos ; voyons maintenant comment la chaleur, excitée dans cet endroit, passe aux parties de la génération.

On remarquera que les lombes qui composent la majeure partie du dos sont formées par les vertèbres lombaires, sous lesquelles sont placés les reins et différents vaisseaux qui communiquent avec les parties de la génération. Il est donc constant qu'en échauffant les lombes, cette chaleur doit se rendre à la verge dans l'homme, et au vagin dans l'autre sexe.

Quoique cela dût suffire pour rendre raison de l'effet du fouet sur le physique de l'amour, quelques auteurs ont cherché d'autres preuves pour l'expliquer. Meibomius, qui pensait que c'est dans les reins que se prépare la semence, n'attribuait l'effet du fouet qu'à la chaleur qu'il produit sur les reins. Ceux qui croyaient avec Platon que la semence s'écoule de la moelle de l'épine, disaient que les flagellations faites sur les lombes devaient provoquer l'écoulement de la semence, et conséquemment distendre la verge et l'amplifier.

Les anciennes écritures, soit sacrées, soit profanes, plaçaient la faculté de l'acte vénérien dans les lombes. On lit dans la Genèse : *reges de lumbis tuis egredientur.* On chante dans un psaume, *lumbi mei impleti sunt illusionibus,* ce qui signifie, j'ai été enclin à la paillardise.

Lumbos proecingere, se serrer les reins, était un proverbe, parmi les Hébreux, qui signifiait conserver la pudeur et renoncer à l'impureté. C'est pourquoi saint Jérôme dit : *conforta lumbos,* fortifie tes reins. Quand saint Matthieu dit d saint Jean : *habuit zonam pelliceam circa lumbos,* il veut sans doute vanter sa chasteté. L'Église, en chantant ce verset, *ure igne sancti spiritus renes nostros, ut tibi casto corpore serviamus,* entend bien que les reins sont le premier instrument de la concupiscence.

L'opinion où l'on fut toujours que le bon ou le mauvais état des lombes contribue à l'acte vénérien, donna lieu à l'usage de s'entourer les reins avec une ceinture, pour marquer qu'on vivait dans un état de chasteté. Les vestales juraient, en plaçant la sainte ceinture, de ne jamais la desserrer, c'est-à-dire de tenir leurs lombes en captivité. Nos abbés, nos religieux, nos moines, nos chanoinesses ont conservé la mode de se ceindre les reins ; mais on est loin de penser aujourd'hui que la ceinture oblige à l'abstinence ; il faut qu'on en ait une idée bien contraire, puisque toutes les dames ont une ceinture pour se parer.

Les Romains crurent aussi qu'il fallait se serrer les lombes pour conserver sa modestie et sa pudeur. N'était-ce pas l'usage de donner une ceinture à des candidats, lorsqu'ils recevaient un grade ?

Diane fut toujours représentée avec une ceinture. Vénus détacha la sienne pour fixer Paris, et ses deux rivales perdirent le procès.

Il est inutile d'appuyer, par des citations, des faits qui se prouvent d'eux-mêmes. On observe qu'en se tenant les reins très chaudement, on a de fréquentes érections ; aussi défend-on à ceux qui sont sujets à des pollutions nocturnes de se tenir couchés sur le dos, parce que cette position échauffe la moelle de l'épine, les lombes, les vaisseaux et les nerfs qui se rendent aux parties naturelles. Persuadés de cette vérité, les médecins faisaient appliquer des topiques très froids sur les lombes à ceux qui avaient besoin de ralentir en eux la fureur de Vénus. Pline ordonnait de porter pendant quelque temps des lames de plomb sur les reins, pour tempérer l'ardeur des amants. Galien conseilla aux athlètes d'y appliquer des onguents réfrigérants pour se préserver des pollutions nocturnes ; ce même docteur remédiait au priapisme en faisant continuellement tenir de l'eau froide sur les lombes du malade. Cette théorie engagea, dans la suite, les célibataires cloîtrés à jeter dans leur lit des branches d'*agnus castus* et à se coucher dessus pour se préserver des tentations de la chair.

La médecine moderne, qui ne voit de bons remèdes que dans ce qu'on avale en potions ou en pilules, n'est pas tout à fait de l'avis des anciens ; elle ne fait appliquer aucun topique sur les lombes pour rafraîchir ou échauffer Vénus. Je pense cependant qu'il peut y en avoir d'utiles dans l'un et l'autre cas, comme on le verra à la suite de ce petit ouvrage, dans une dissertation sur tous les moyens qu'on peut employer pour apaiser l'amour ou lui prêter des forces.

En voilà, je pense, suffisamment pour expliquer comment les flagellations faites sur le dos produisent l'érection du membre viril et rendent un libertin épuisé capable de soutenir les combats de l'amour.

3

De quelques erreurs qu'il serait utile de détruire principalement dans les couvents

L'amour est un besoin qui nous est commun, mais qui ne se fait sentir qu'à un certain âge. C'est en vain qu'on voudrait éteindre ses feux lorsqu'on touche à la puberté ; les plus grands efforts n'aboutissent alors qu'à leur prêter de la force et l'incendie s'accroît de plus en plus. Ces réflexions nous font voir que ceux qui font vœu de célibat seront souvent parjures, ou toujours malheureux. Supposons, cependant, qu'il y ait quelques êtres privilégiés qui vivent exempts de ce qu'une fausse dévotion appelle les faiblesses humaines ; il faudrait au moins, pour le bien de tous les *religieux* et *religieuses* que l'on eût soin d'éloigner d'eux tout ce qui peut les ramener à la nature. Examinons si l'on tient cette conduite dans les monastères.

Nous avons vu, dans les chapitres précédents, que les flagellations peuvent et doivent produire une irritation sur toutes nos fibres, et que cette irritation se fait principalement sentir aux parties de la génération. Pourquoi donc la discipline est-elle ordonnée dans tous les couvents, et certains jours de pénitence ? Doit-on rappeler la vie dans une partie qu'on a voulu destiner à la mort ? On ne devrait rien permettre dans le cloître qui puisse blesser la décence ou qui puisse, comme disent les casuistes, réveiller la chair. L'usage, ou plutôt l'abus de se discipliner, devrait conséquemment y être aboli, puisque l'effet en est toujours pernicieux. Heureusement que ces cérémonies de flagellations se pratiquent dans l'obscurité ; car, si l'on se présentait dans la dévote assemblée avec une lumière à la main, on verrait que la pénitence finit toujours par la masturbation ou par des pollutions involontaires.

Quelle contradiction dans la conduite des célibataires de ce genre ! Ils avalent le matin deux ou trois verres d'une décoction faite avec les plantes les plus froides ; et le soir, ils se frappent avec des cordes ou de petites chaînes, pour rappeler une chaleur qui commençait à s'éteindre !

C'est surtout parmi les religieuses qu'il ne faudrait jamais parler de fouet ni de disciplines : les femmes étant plus faciles à émouvoir que les hommes, elles sont aussi plus sujettes aux pollutions.

Il semble que la manie de se fustiger ou de fustiger les autres soit particulièrement celle des moines. S'ils s'en tenaient au moins à se discipliner entre eux, ce ne serait qu'un petit mal ; mais c'est qu'il y en a quelques-uns qui ne rougissent pas d'ordonner le fouet à leurs pénitentes et qui se chargent surtout d'aller le leur donner eux-mêmes au sortir du confessionnal. Combien y a-t-il de confesseurs qui ont débauché de jeunes filles de cette manière ? Combien de scélérats ont abusé d'un ministère respectable pour commettre les horreurs les plus infâmes ?

On a souvent entendu les tribunaux retentir des justes

plaintes de quelques infortunées qui avaient été victimes de leur crédulité : on a vu, plus d'une fois, de justes lois faire traîner les coupables au supplice.

Tout le monde connaît les différentes aventures qu'on raconte au sujet de quelques cordeliers qui, seuls dans la chambre de leurs pénitentes, les faisaient mettre à genoux, troussaient leurs jupons, leur claquaient les fesses ou les fustigeaient rudement, suivant la grandeur des péchés qu'elles avaient commis ; la correction finissait par pousser en avant la gentille pécheresse, et lui passer par derrière un *bout du cordon de Saint François* qui avait la vertu de faire pâmer la dévote et de lui donner une idée du paradis de Mahomet.

Il est bien singulier que de tout temps et chez toutes les nations, on ait souvent mêlé l'impudicité et la plus vile corruption aux cérémonies les plus sacrées. Des fêtes *netturales* se célébraient dans les temples ; la dévotion y attirait toutes les dames romaines ; pendant plusieurs années, l'empereur Néron, ses prêtres, ses courtisans, abusèrent de la crédulité des unes et partagèrent le libertinage des autres : comme cette fête se célébrait pendant la nuit, aucune n'avait à rougir ; les soupirs qu'on y entendait, le bruit singulier qui devait s'y faire semblaient n'avoir pour cause que de saintes extases. Les pèlerinages de La Mecque, qui sont ce qu'il y a de plus saint et de plus révéré chez les Turcs et les Persans, ne sont-ils pas le comble de la dépravation des mœurs ? J'ai vu, en Espagne et en Italie, des extravagants courir les rues à la suite d'une sainte *bannière* et se fustiger sous les fenêtres de leurs maîtresses, en mémoire de la passion du Christ.

Pour expliquer la cause de ces erreurs, il ne faut que connaître les hommes ; lorsqu'on est parvenu à se faire une juste idée de la valeur de ceux qui en ont imposé et qui en imposent encore, on n'est plus étonné de voir subsister les abus les plus ridicules. *La crainte a fait les dieux*, dit un grand philosophe, mais il faut ajouter à cette sentence que c'est l'imposture qui soutient leur trône. Les différents cultes qu'on rend à ces divinités incompréhensibles étant l'ouvrage de quelques mortels ou faibles ou trompeurs, il n'est pas surprenant que ces cultes se soient souvent ressentis de la sottise de l'inventeur et qu'on y ait associé des folies même dangereuses.

Mais je m'écarte de mon plan ; comme toutes ces discussions m'entraîneraient trop loin, je reviens à mon sujet... Il serait nécessaire de supprimer l'usage des flagellations dans tous les couvents, puisqu'elles peuvent contribuer à ranimer le physique de l'amour ; on ôterait par là le ressort le plus excitatif. Je voudrais même défendre à tous les moines, et sous des peines très rigoureuses, de se regarder le corps à nu ; car il faut peu de chose pour échauffer un jeune célibataire. Une religieuse de dix-huit à vingt ans, qui s'amuse le soir à chercher ses puces, finit rarement sa petite chasse sans faire un sacrifice à l'amour ; elle voudrait ne pas succomber, mais la liqueur fermente et le moindre attouchement suffit pour la faire répandre.

Il est bien humiliant que nous trouvions encore parmi

nous des restes aussi ridicules du fanatisme de nos ancêtres. Devrait-on se rappeler le nom de *moines* dans un siècle aussi éclairé que le nôtre ? Ces illustres et riches fainéants font-ils quelque chose d'utile ? Contribuent-ils à nous rendre l'Éternel plus cher ? Ministres inutiles, on les entend bien réciter parfois des couplets qu'ils ne conçoivent peut-être pas ; mais ces prières vagues et stériles peuvent-elles effacer aux yeux du vrai Dieu toutes les sottises qu'ils commettent au sortir du chœur ?

La réforme monacale serait utile et nécessaire ; les enfants de saint Bruno ne s'en trouveraient peut-être pas bien, mais les capucins seraient, en général, très contents. Quelques religieuses accourraient se jeter dans les bras d'un amant que des parents injustes leur enlevèrent ; elles deviendraient épouses fidèles, mères tendres ; et leur amour enfin exaucé donnerait des sujets à l'État.

Ces temps de réforme sont encore bien éloignés, je le sais. En attendant cette heureuse époque, invitons les religieux des deux sexes à ne plus se fustiger pour nos péchés : qu'ils bannissent de leur règle un usage qui ne peut que contrarier leur projet de célibat et les avilir aux yeux même de l'amour.

Il faut que ceux qui croient servir Dieu et lui plaire en se fustigeant se soient fait une idée bien étrange de la Divinité. Ils ne voient sans doute dans le Père de la nature qu'un être terrible et vengeur, toujours armé de la foudre pour punir indistinctement l'innocent et le coupable : ils se figurent qu'on ne peut l'apaiser que par des cilices, des jeûnes et autres mortifications non moins ridicules. Ces erreurs sont aussi extravagantes que dangereuses à la société ; elles ôtent à l'homme le désir de se rendre utile à ses semblables et font qu'il préfère son caprice bigot à la douceur de faire de bonnes œuvres. Un philosophe a dit avec raison qu'un sauvage errant dans les bois, contemplant le ciel et la nature, sentant pour ainsi dire le seul maître qu'il reconnaît, est plus près de la véritable religion qu'un chartreux enfoncé dans sa loge et vivant avec les fantômes d'une imagination échauffée.

On doit un culte à l'Éternel ; il faut une religion. Mais le culte que demande l'Être suprême doit s'allier aux devoirs de tout citoyen. Le vrai Dieu ne crie pas aux mortels du haut de son trône : « Jeûnez, fustigez-vous, n'écoutez pas les sens que je vous donnai pour votre bonheur et renoncez à la nature. »

L'auteur de *L'An deux mille quatre cent quarante* peint bien éloquemment le ridicule de précipiter par dévotion la jeunesse dans nos cloîtres que nous regardons comme sacrés. Puissent les paroles de ce philosophe arrêter de jeunes victimes prêtes à se plonger dans ces tombeaux vivants ! « Quelle cruelle superstition enchaîne dans une prison sacrée tant de jeunes beautés qui recèlent tous les feux permis à leur sexe, que redouble encore une clôture éternelle et jusqu'aux combats qu'elles se livrent. Pour bien sentir tous les maux d'un cœur qui se dévore lui-même, il faudrait être à sa place ; timide, confiante, abusée, étourdie par un enthousiasme pompeux, cette jeune fille a cru longtemps que la religion et son Dieu absorberaient toutes ses pensées : au milieu des transports de son zèle, la nature éveille dans son cœur ce pouvoir invincible qu'elle ne connaît pas et qui la soumet à son joug impérieux. Ces traits ignés portent le ravage dans ses sens, elle brûle dans le calme de la retraite ; elle combat, mais sa constance est vaincue, elle rougit et désire. Elle regarde autour d'elle et se voit seule sous des barreaux insurmontables, tandis que tout son être se porte avec violence vers un objet fantastique que son imagination allumée pare de nouveaux attraits. Dès ce moment, plus de repos. Elle était née pour une heureuse fécondité ; un lien éternel la captive et la condamne à être malheureuse et stérile. Elle découvre alors que la loi l'a trompée, que le joug qui détruit la liberté n'est pas le joug d'un Dieu, que cette religion, qui l'a engagée sans retour, est l'ennemie de la nature et de la raison. Mais que servent ses regrets et ses plaintes ! Ses pleurs, ses sanglots se perdent dans la nuit du silence. Le poison brûlant, qui fermente dans ses veines, détruit sa beauté, corrompt son sang, précipite ses pas vers le tombeau. Heureuse d'y descendre, elle ouvre elle-même le cercueil où elle doit goûter le sommeil de ses douleurs. »

En divisant les sexes, en élevant des barrières éternelles entre l'homme et la femme, les fondateurs des couvents ne songèrent pas aux coupables abus qui devaient en résulter. Comme on ne peut jamais étouffer l'effervescence des sens, il a fallu que les victimes qu'on avait enterrées dans le cloître cherchassent des moyens pour apaiser ou tromper l'amour. Poussés par un instinct très innocent, ces robustes captifs s'occupèrent à trouver le plaisir dans leur sexe même. L'on connut la masturbation et des crimes plus atroces encore.

Ce vice qu'on reprocha tant aux jésuites, et qui faisait, peut-être, réellement leur honte, vient sans doute du barbare abus de cloîtrer de jeunes gens. Les filles renfermées ne cherchèrent pas moins à se procurer, entre elles, une idée des plaisirs de l'amour.

Les horreurs de cette espèce ne restèrent point renfermées dans les endroits où elles avaient pris naissance : les mondains s'occupèrent de ces viles et criminelles ressources. Les lois furent forcées de sévir contre ces attentats de *lèse-amour*, et malgré leur juste rigueur, il existe encore des crimes de ce genre. On voit plus d'un vieux financier cajoler son valet ou son garçon perruquier ; il y a plus d'une duchesse qui ne soupire que pour sa femme de chambre. Ô monstres ! que faites-vous ? voulez-vous passer pour sages et tempérés ? Craignez-vous d'être victimes de l'autre sexe ? En suivant les lois de la vraie tendresse, vous ne pourriez commettre que des faiblesses ; au lieu que vous êtes des vicieux qui méritez l'indignation publique et qu'on doit livrer à l'opprobre !

4

De la nécessité de changer les peines qu'on inflige à l'enfance et à la jeunesse

Nous avons vu dans les chapitres précédents que les flagellations faites sur le dos produisent des effets non équivoques sur le physique de l'amour. La découverte de cette vérité nous a conduit à faire observer que les célibataires *cloîtrés* devraient bannir de leur règle le fouet et la discipline ; elle nous conduira à déduire, du même principe, des conséquences qui ne seront pas moins justes.

Pourquoi le fouet est-il toujours le châtiment qu'on inflige aux enfants ?... Cette peine peut-elle influer en mal sur leur éducation physique et morale ?... Voilà les points que je me propose d'éclaircir dans cette partie de mon ouvrage. Cet examen est plus intéressant qu'on ne pense.

L'éducation physique et morale des enfants intéresse sans doute le gouvernement : cependant voit-on qu'il s'en occupe ! On en laisse tout le soin à des parents qui, en général, s'en déchargent sur des nourrices, des valets, des pédants, des sots, des crapuleux, etc.

Quand on ne devrait prêcher le bien aux enfants que par le bon exemple, on ne le fait que par de grossières paroles, des menaces et la correction. Qu'est-ce que cette correction ? C'est le fouet. Les mères ne connaissent que ce remède à un verre ou une bouteille cassés ; les précepteurs n'en emploient point d'autre pour donner du goût pour le latin, cette langue qui, grâces au ciel, sera bientôt oubliée et qui fait depuis tant de temps le désespoir des écoles.

Que résulte-t-il de l'emploi du fouet ? On y habitue de petits mauvais sujets qui s'en font même un jeu entre eux dans leurs moments de récréation ; ainsi qu'on l'a vu dans les citations de Jean Pic de la Mirandole et de Cœlius Rhodiginus (chap. 2 de cet ouvrage).

Il ne manquerait certainement pas d'autres manières de punir des enfants oisifs ou vicieux : car J. J... a écrit cinq ou six volumes sur l'éducation sans fouetter son élève une seule fois : aussi son ouvrage n'a-t-il pas remporté le prix et les éducations se font toujours aussi mal que jadis.

Je suppose qu'il fut nécessaire, dans certains cas, d'infliger aux enfants des peines corporelles ; devrait-on frapper le coupable sur le dos ? On nous apprend, pendant les cinq ou six premières années que nous vivons, à cacher notre derrière et les parties *honteuses* ; au bout de ce temps vient un régent qui nous force à déboutonner nos culottes, à les abattre, à trousser la chemise, à tout montrer, pour recevoir les étrivières en pleine classe. Ces parties ne seraient-elles plus honteuses quand c'est un cuistre qui les regarde et qui les touche ?

S'il arrivait au moins que ce châtiment fût distribué avec justice ; mais le célibataire qui punit n'est-il pas souvent de la compagnie de la *manchette* ? Et ne choisit-il pas pour l'opération le derrière qui le flattera le plus ? J'ai observé pendant tout mon cours de collège que les écoliers maigres et laids n'étaient jamais fustigés. Au plaisir qu'ont quelques pédants à entendre le bruit que font les coups de fouet qu'on applique sur le dos du patient, on doit juger qu'il y a, dans cette cérémonie, si souvent répétée, plus que la satisfaction de corriger. Êtres barbares et corrompus !… De qui tenez-vous le droit de mutiler l'enfance et de faire servir l'innocence à vos plaisirs, ou plutôt à vos saletés !… Je le répète, ces abus, quoique fort anciens, méritent l'attention du gouvernement ; ils exigent une réforme ; car les maîtres d'école, les précepteurs, les régents sont en générai si méprisables qu'il n'y a jamais un écolier qui ne méprise les siens, lorsqu'il est homme.

La mauvaise habitude que l'on a de frapper sur le derrière des enfants leur donne celle de porter souvent les mains à cette partie ; elle leur apprend, comme je viens de le dire, à se fustiger entre eux ; de là différents attouchements qui les éclairent peu à peu et qui font que la débauche devance, en eux, le mouvement des sens.

Plusieurs enfants élevés ensemble et de la manière accoutumée, deviennent toujours polissons. Ils se touchent les uns les autres, ils en viennent petit à petit à la masturbation et ne finissent que trop souvent par le péché des jésuites. C'est dans ces assemblées de jeunes écoliers que s'apprennent toutes ces sottises qu'on ne peut ensuite cacher dans la société : on y apporte des plaisirs infâmes, des goûts dépravés et peu délicats.

Je suis surpris que les ecclésiastiques osent se charger d'élever les enfants, puisqu'il est reçu parmi nous qu'on ne peut en venir à bout sans donner le fouet. J'aurais cru que la décence de leur état ne leur permettait pas de regarder ni de toucher des fesses. Mais, je l'ai déjà fait remarquer dans le troisième chapitre, les moines et les abbés ont la fureur de fouetter ; les cris, les pleurs d'un innocent ne les attendrissent point ; la jouissance de voir un beau *postérieur* l'emporte sur la pitié. On a toujours vu que c'était des moines qui dirigeaient les maisons de correction, qui les avaient même fondées ; ces bourreaux débauchés voulurent contempler et claquer des derrières ; ils surent même si bien s'arranger que des pères imbéciles eurent la bonhomie de leur fournir de bonnes pensions pour cela.

Je pense que ces réflexions sont plus que suffisantes pour engager le gouvernement à forcer les pédants de changer les peines usitées pour l'enfance. Si cet objet lui parait de peu de conséquence, j'espère que les parents y feront attention et qu'ils tâcheront de détourner des regards d'un enfant tout ce qui peut le conduire au mal.

CONCLUSION

L'expérience nous apprend que quelques personnes ont recours aux flagellations pour se disposer aux combats amoureux. La physiologie et l'anatomie démontrent comment ces flagellations opèrent sur les parties de la génération, quoiqu'elles aient été faites sur le dos. Les infortunés qui se livrent à ces désordres sont sans doute à plaindre ; puisque ce n'est que par de cruelles douleurs qu'ils espèrent connaître les plaisirs de l'amour ; puisque enfin l'arc du petit Cupidon ne peut être tendu qu'à l'aide de ce préliminaire affligeant et peu délicat.

Quelques auteurs prétendent que l'habitude de se faire fouetter se contracte depuis l'enfance ; cela peut être vrai par rapport à quelques individus ; mais je pense qu'on ne peut en général la faire naître d'une cause si éloignée. Les amateurs du sexe ont quelquefois des goûts bien dépravés, ils cherchent des jouissances extraordinaires : je crois que cela ne se voit que chez ceux qui sont d'une faible constitution ou qui se sont épuisés dans leur jeunesse. Il y a beaucoup de gens qui ne peuvent donner du ressort au membre viril qu'en jouissant du spectacle de deux êtres vigoureux qui luttent et se pâment sur le lit de Vénus. Toutes ces ressources annoncent un grand épuisement dans le physique de celui qui les exige.

De tous les moyens capables d'exciter à l'amour, le fouet

est celui qu'on doit le moins rechercher ; outre qu'il est le plus nuisible, il ne peut guère se pratiquer que chez des femmes prostituées. Il y a pourtant des hommes qui ont besoin d'excitatifs ; il est du devoir de la médecine de les éclairer sur ceux qui ne peuvent pas déranger leur santé ni les avilir. C'est ce qui m'engage à joindre à ce petit ouvrage une dissertation sur la nature et l'effet des aphrodisiaques. Qu'on ne s'y trompe pas, mon but n'est point de favoriser le libertinage. Je ne vais dévoiler les secrets de mon art que pour l'utilité de quelques maris glacés et de tant d'épouses qui gémissent sur le lit nuptial.

DISSERTATION SUR LES REMÈDES CAPABLES D'EXCITER AUX PLAISIRS DE L'AMOUR

Les plaisirs que procure l'union des deux sexes sont les plus vifs que l'on puisse goûter ; ce n'est qu'en amour que le riche et le pauvre trouvent la volupté ; et le simple berger n'est pas moins heureux sur le sein de Colette qu'un souverain dans les bras de son amante.

Mais l'amour est comme le dieu Mars, il lui faut des sujets vigoureux ; les grâces, l'esprit, les talents peuvent lui plaire, cependant la vigueur seule a le droit de le fixer. Comme on ne peut pas douter de ces vérités, il est intéressant pour le bien de la population et la satisfaction de chaque individu que la médecine s'applique à trouver les moyens les plus propres à nous faire longtemps jouir des charmes que procure l'amour. C'est pour remplir les devoirs d'un médecin zélé que je mets la main à la plume ; c'est pour servir l'État et l'amour ; mais, je le répète, mon but n'est point de favoriser la débauche.

Je ne sais pourquoi messieurs mes confrères ont été si scrupuleux sur cet article ; ils se sont tous accordés à garder le silence à ce sujet, ou du moins ce qu'ils en ont dit est enseveli dans de pesants volumes de matière médicale. L'acte vénérien étant un besoin de nature comme ceux de manger, de boire, d'uriner, d'aller à la selle, etc., il est surprenant que la théorie et la pratique médicinales ne s'occupent que de ces derniers. L'espoir d'être utile fait que je renonce à l'usage ou plutôt aux préjugés reçus dans nos facultés : j'entre en matière.

Les causes de la froideur conjugale, c'est-à-dire celles qui empêchent un individu de se livrer au coït, sont : un tempérament trop faible reçu de la nature, un épuisement qui est la suite de quelques excès et la vieillesse. Ces trois différentes maladies exigeant des traitements qui doivent différer entre eux, il est important de ne pas se tromper dans l'administration des aphrodisiaques qu'on emploie dans l'un ou l'autre cas. Afin de me rendre intelligible à tous les lecteurs, je vais diviser ces maladies et la manière d'y remédier en trois paragraphes.

I. — Chaque individu reçoit de la nature, de ses parents, de l'éducation, une organisation et un tempérament bien différents. Quelques êtres sont privilégiés, ils naissent et se forment pour la gloire de l'amour : tel fut cet empereur qui écrivait à un de ses amis qu'ayant fait cent prisonnières, la première nuit dix d'entre elles goûtèrent dans ses bras ce que l'amour offre de plus charmant, et qu'en quinze jours, toutes avaient senti les mêmes douceurs : tel fut encore ce tambour de royal Wallon qui parcourait à pas lents un cercle de cent hommes, avec un seau plein d'eau portant sur son…, etc. Les hommes de cette espèce sont fort rares ; on en trouve plus de ceux qui sont trop faibles que de ceux qui sont extraordinairement vigoureux.

Lorsqu'on a atteint l'âge de puberté et qu'on s'aperçoit qu'on le parcourt sans avoir les forces nécessaires pour profiter d'un bon à-propos, c'est un signe certain qu'on ne jouit pas d'une bonne santé. Il faut observer si cette fonction est la seule qui se fasse avec peine, c'est-à-dire si cette maladie est, comme disent les médecins, essentielle ou symptomatique : dans ce dernier cas, on peut être assuré que le froid de l'amour se dissipera aussitôt que le vice principal sera détruit. Mais si l'on ne s'aperçoit d'aucune autre incommodité, on usera d'un régime et de médicaments capables de faire convenablement opérer la sécrétion de la semence et propres à donner aux fibres le ton et l'élasticité dont elles ont besoin.

Un jeune homme, quoique naturellement faible, viendra à bout de se donner un bon tempérament, en ne faisant aucun excès de quelque espèce qu'il puisse être, en faisant usage de bons aliments, en se livrant à un exercice modéré, en fuyant les boissons spiritueuses, les veilles et surtout la masturbation : voilà ce qui concerne le régime. Passons aux remèdes. Il boira, le matin à jeun et le soir deux heures après le souper, un verre d'une décoction de sauge édulcorée avec un peu de sirop d'œillet. Avant le dîner, il prendra gros comme une noix de l'électuaire suivant ; ce qu'il continuera jusqu'à ce qu'il ait acquis un certain degré de vigueur.

ÉLECTUAIRE

Prenez, conserve de romarin, deux onces ; racine d'éryngium confite, six gros ; amandes douces, une once et demie ; macis, un scrupule ; confection alkermès, quantité suffisante pour donner à l'électuaire la consistance requise.

Quand la faiblesse des parties de la génération est une suite du libertinage et l'effet d'un épuisement général, il faut d'abord que le malade s'éloigne des plaisirs de la ville et de ses sociétés dangereuses pour aller respirer l'air de la campagne. Il se mettra à l'usage du laitage, si son estomac peut le supporter ; ses aliments seront les œufs frais, des viandes légères, du bon bouillon, etc. Il prendra chaque jour, le soir et le matin, une petite cuillerée de l'essence suivante.

ESSENCE ANIMALE

Prenez une pinte de bonne eau-de-vie, versez-en la quatrième partie dans un grand vase de faïence, faites-y dégoutter le sang de sept jeunes coqs et ayez soin de battre l'eau-de-vie à mesure que le sang y dégoutte, versez-y ensuite le reste de l'eau-de-vie en remuant toujours. Ajoutez à ce mélange deux dragmes de cannelle concassée et demi-livre de sucre candi en poudre ; mettez le tout dans une bouteille de grès bouchée avec liège, mastic fondu et de la vessie de cochon. Enterrez la bouteille dans le fumier de cheval pendant quarante jours, ayant soin d'ôter celui qui est dessus et froid, tous les trois jours, pour en mettre du chaud.

Cette essence est un puissant remède pour la génération ; elle est utile dans toutes sortes d'occasions où la nature manque, et surtout dans les épuisements par débauches.

L'amour sème notre carrière de fleurs, mais la nature ne nous donne qu'un temps pour les cueillir. L'homme trouve toujours une belle femme de son goût, il ne peut cependant pas le lui prouver à tout âge. Voyez *Mondor*, regardez son hôtel, ses valets, sa cuisine, son office, sa table, tout annonce l'aisance ; il n'est pourtant pas heureux : son or lui donne bien de belles esclaves mais, en amour, posséder n'est pas toujours jouir.

Quoique l'âge de la vieillesse soit froid et presque impuissant, il est prouvé que l'on peut encore le rendre agréable par les secours de l'art. Tout Paris a vu un doyen des maréchaux de France courtiser les femmes pendant soixante ans et plus, et se marier dans l'âge que l'on regarde communément comme celui de décrépitude. Ce seigneur a de grandes obligations à la médecine, qui ne lui est pas moins redevable de son côté, puisqu'il sert à prouver que les ordonnances hippocratiques ne sont pas toujours des rêveries.

Un homme d'un certain âge qui veut connaître les plaisirs de l'amour doit faire usage de bons aliments, manger peu et souvent. Il faut qu'il prenne tous les mois un bain de lait. Il se fera faire tous les soirs, en se couchant, des embrocations sur les lombes avec de l'huile de castor ou de l'esprit de vin dans lequel on aura fait infuser du safran. Il se baignera chaque jour les parties génitales dans une décoction de sarriette, faite dans du vin rouge. Avec toutes ces précautions, le remède qui perfectionnera la cure est le suivant.

LINIMENT DE VIRILITÉ

Prenez du miel clarifié et de l'huile de noix muscade par expression, une demi-once de chaque sorte ; de la pirèthre, du poivre noir et des cubèbes, une demi-once de chacun ; du musc, un demi-scrupule ; de la civette, un scrupule ; du baume du Pérou, un gros ; faites-en un liniment suivant les règles de l'art.

Ce liniment est destiné à oindre la verge et le périnée, ce qu'on ne fera que de trois jours en trois jours au plus, car il excite singulièrement aux plaisirs de l'amour.

Comme il ne suffit pas que la chaleur animale soit momentanée, les vieillards feront un usage constant de l'électuaire suivant ; ils en prendront, une heure avant le dîner, gros comme une noix muscade.

ÉLECTUAIRE APHRODISIAQUE

Conserve de racine d'éryngium, de satyrion ; *aa* deux onces ; de gingembre confit, six gros ; d'amandes douces, une once ; de confection alkermès, un gros ; de poudre de semence de roquette et de moutarde, trois gros de chaque ; espèces diatrion piperon, deux gros ; sirop de racine d'énula, une quantité suffisante. Mêlez le tout pour former un électuaire.

On sera peut-être surpris que je n'aie fait aucune mention de l'usage des cantharides ; mais les vrais médecins ne les ont jamais regardées comme de vrais aphrodisiaques. Elles n'agissent qu'en irritant les voies urinaires et l'irritation qu'elles y produisent est souvent mortelle. Je conseille donc de n'y avoir jamais recours, il ne manque pas de moyens plus sûrs et moins dangereux, ainsi qu'on le verra dans la liste suivante.

Je le répète, mon intention n'est pas de favoriser la débauche ; il faut toujours réfléchir qu'on ne doit pas sacrifier sa santé à des plaisirs d'un moment. L'amour est la plus belle des passions ; mais elle est aussi celle qu'il importe le plus de diriger. *Qui diligit sapientiam, diligit vitam.*

CATALOGUE DES SUBSTANCES APHRODISIAQUES

La *camphrée* ; cette plante ne se cultive que dans les jardins botaniques. Elle fortifie les nerfs et répare la perte des esprits. On ne s'en sert pas dans la pharmacie.

Le *cheiri*, ou la *giroflée jaune* ; il vient sur les murailles, il fleurit en mai et juin. Quelques apothicaires en préparent une huile.

La *marjolaine* ; cette plante est très connue.

La *roquette* ; on la cultive dans les jardins ; il y en a aussi une sauvage qui n'est pas moins bonne.

Les *feuilles d'Inde* ; c'est une feuille oblongue, pointue, compacte et luisante, distinguée par trois nervures qui vont de la queue à la pointe ; son odeur approche un peu de celle du clou de girofle. C'est la feuille d'un grand arbre commun dans les jardins des Indes orientales. Elles entrent dans la composition de la thériaque de Venise.

Le *marum vulgaire* ; c'est une plante ou un arbrisseau chargé de branches rondes, larges, avec deux feuilles à chaque articulation un peu plus grandes que celles du thym, mais semblables du reste. Elle est d'une odeur agréable et a, à peu près, les propriétés de la marjolaine.

Le *marum de Syrie* ; c'est une plante plus basse et plus tendre que la précédente. Elle vient dans l'île de Candie et dans la Syrie. Son odeur est fort piquante et fort agréable. On tire de cette plante un excellent sel volatil.

L'origan vulgaire ; c'est la marjolaine sauvage. Cet origan n'est pas si fort que le suivant.

L'origan de Crète ; cette plante naît dans l'île de Candie et dans d'autres parties de la Grèce ; elle a des feuilles plus longues et plus blanches que la marjolaine. C'est une plante aromatique fort chaude, mais elle n'est pas d'une odeur bien agréable.

Le *ros solis* ; il y en a deux espèces ; une à feuilles rondes, et l'autre à feuilles oblongues. La première espèce est la plus en usage. C'est une petite plante basse, qui a une racine fibreuse ; il sort de petites feuilles un peu creuses autour des tiges longues d'un doigt ; les feuilles sont couvertes et frangées d'un velouté rouge qui donne une teinte rouge à toute la feuille. Elle vient dans les terrains humides dans une mousse d'un rouge pâle, et fleurit dans le mois de mai. C'est un grand restaurant et un échauffant. On dit que l'application extérieure de cette plante facilite l'accouchement.

La *sauge* ; il y en a de plusieurs espèces, mais la grande sauge des jardins est la meilleure. Cette plante a été en si grande estime que les anciens poètes en ont dit : *cur moriatur homo cui salvia crescit in horto ?*

Le *jonc odorant* ; il est commun dans l'Inde et dans quelques parties de l'Arabie. C'est un aromatique fort agréable. Il entre dans la thériaque et autres compositions.

Le *serpolet* ; cette plante est très commune.

Le *thym* ; celle-ci n'est pas moins commune, aussi on n'en fera aucune description.

La *sauve-vie* ; elle vient dans les rochers ; c'est une plante petite et basse ; ses feuilles sont en petit nombre, ressemblant à celles de la rue. Elle n'a que deux ou trois pouces de hauteur. On la fait entrer dans les compositions pectorales.

Le *romarin* ; les fleurs de cette plante sont le principal aromatique qui vienne dans nos pays. C'est avec ces fleurs qu'on fait l'eau de la reine de Hongrie.

Les *fleurs d'orange* ; ces fleurs sont fort connues.

Les *clous de girofle* ; c'est le fruit cueilli avant sa maturité d'un grand arbre qui a les feuilles semblables au laurier, qui croît dans les Indes orientales.

Les *œillets de jardin* ; c'est un bon aromatique. On en fait un sirop et une conserve qu'on trouve chez tous les apothicaires.

Le *jasmin* ; ses fleurs sont de la même nature que celles d'orange.

La *lavande* ; ses fleurs ont les propriétés de celles du romarin.

Le *muguet* ; ses fleurs sont d'une odeur fort agréable, mais elles la perdent en les faisant sécher.

Le *stœchas d'Arabie* ; c'est un grand cordial et qui fortifie les nerfs. Les apothicaires en font un sirop.

Le *tilleul* ; ses fleurs sont bonnes pour fortifier les nerfs.

La *moutarde* ; sa graine est très échauffante.

L'anacarde, ou la *fève de Malaga* ; c'est une graine qui vient au sommet d'un fruit de figure conique, des Indes orientales. Il a la couleur et la figure du cœur d'un petit oiseau. Il est couvert d'une pellicule forte qui renferme une substance spongieuse ; au bas est enfermé dans une autre pellicule le noyau qui a le goût d'une amande. Ce fruit est fort chaud et excite singulièrement au plaisir de l'amour.

L'acajou, ou l'*anacarde occidental* ; il est commun à la Jamaïque ; il ressemble à un rein de lièvre pour la grosseur et pour la figure. Ce fruit a les mêmes vertus que le précédent.

La *graine d'écarlate*, ou *alkermès* ; c'est une baie d'une espèce de chêne. Il fait le principal ingrédient d'une confection qu'on trouve dans les pharmacies sous le nom de confection *alkermès* ; ce médicament est propre pour fortifier le cœur, l'estomac, le cerveau, et pour exciter la semence. La dose est depuis un scrupule jusqu'à un gros.

La *vanille* ; elle vient de la Nouvelle-Espagne. On la mêle au chocolat pour l'aromatiser et le rendre plus échauffant.

Les *cubèbes* ; ce sont de petits grains ressemblant au poivre. Ils sont fort aromatiques et fort chauds. On en trouve chez les droguistes et les apothicaires.

La *noix muscade* ; c'est le fruit d'un arbre qui vient principalement dans l'île de Banda aux Indes orientales. Sa dose en substance est depuis un scrupule jusqu'à un gros. C'est un aromate délicat et un grand confortatif.

Le *poivre* ; il a beaucoup des propriétés des cubèbes, mais il est encore plus chaud.

Le *cacao* ; il est très connu comme un bon aliment ; c'est le principal ingrédient du chocolat. C'est une amande de la grosseur d'une olive, qu'on cultive principalement dans les îles de Cuba et de la Jamaïque.

Les *pistaches* ; ce sont des fruits oblongs de la grosseur d'une aveline, anguleux, plus élevés d'un côté, aplatis de l'autre ; sous une écorce mince est contenu un noyau d'un blanc verdâtre, d'un goût huileux, un peu doux. Elles sont chaudes et restaurantes.

L'écorce de Winter ; c'est une écorce aromatique, chaude, qui prend son nom de celui qui la fit le premier connaître en Europe. Elle passe pour une espèce de cannelle. Elle a une odeur qui ne diffère pas beaucoup de celle de l'écorce du citron ; elle est subtile et pénétrante. La dose est un demi-gros en substance.

La *cannelle* ; cette écorce est très connue.

Le *roseau aromatique,* ou *acorus verus* ; c'est une racine aromatique qui a un peu d'amertume, qui a une odeur qui approche du poireau et de l'ail.

Le *galanga* ; c'est une petite racine pleine de nœuds ; on croit que c'est une espèce d'iris. Son goût âcre, aromatique et un peu amer pique et brûle le gosier comme le poivre.

Le *ginseng* ; c'est une racine apportée du Japon ; la racine du ginseng est d'un pouce ou deux de long, de la grosseur du petit doigt, un peu raboteuse, brillante et comme transparente, ayant le plus souvent deux branches, quelquefois plus, garnies de fibres menues vers le bas ; sa couleur est roussâtre en dehors et jaunâtre en dedans ; son goût est légèrement âcre, un peu amer et aromatique ; son odeur n'est pas désagréable. C'est un puissant aphrodisiaque.

Le *salep* ; c'est une racine oblongue et quelquefois transparente, d'une couleur blanc-jaunâtre, de peu d'odeur et d'un goût visqueux. On la met en poudre et on en fait une décoction qui restaure et fortifie.

Le *satyrion* ; il y en a de deux sortes, le satyrion mâle et le satyrion femelle. Le mâle, qui est celui qu'on tient dans les boutiques, a deux racines de figure ovale, aussi grosses qu'une petite olive, d'une couleur blanchâtre et pleines d'un suc visqueux. On ne se sert que de ses racines. Le satyrion femelle est une plante un peu plus petite que l'autre ; elle a à peu près les mêmes vertus, mais il faut la prendre en plus grande quantité. C'est un grand cordial et un grand restaurant. Elle a un grand pouvoir pour exciter aux plaisirs de Vénus. C'est certainement pour cela qu'on regarde comme un grand corroboratif l'*électuaire diasatyrion*, qui prend son nom de cette racine. Cet électuaire réchauffe et produit des sensations agréables dans tout le genre nerveux. Quelques médecins ne croient pas aux vertus de cette plante, mais qu'on essaie d'en faire usage et l'on verra que l'opinion de ces docteurs et l'expérience ne sont pas d'accord à ce sujet. Dioscoride, Pline et autres ont parlé du satyrion comme d'un puissant aphrodisiaque ; ces autorités valent bien celles de quelques modernes, qui déprisent les anciens et qui cependant n'ont d'autre mérite que celui de débiter des aphorismes à côté du lit des malades, leur ordonner vingt sortes de remèdes dans un jour et les expédier pour les antipodes.

Le *gingembre* ; c'est une racine des Indes, qu'on transporte ordinairement séchée et quelquefois en conserve. C'est une racine tubéreuse, noueuse, branchue, un peu aplatie. Sa substance est un peu fibreuse, pâle ou jaunâtre ; son odeur est très agréable, son goût est âcre, brûlant, aromatique ; sa chaleur ne se fait pas sentir si promptement que celle du poivre, mais elle dure plus longtemps.

La *racine du chardon raland* ; c'est l'*eryngium* des boutiques. C'est un grand restaurant.

Le *panais* ; on s'en sert dans les aliments et il est bien connu de tout le monde. On reconnaîtra qu'il excite aux plaisirs de l'amour, si l'on en fait un grand usage.

Le *baume du Pérou* ; c'est le produit d'un arbre des Indes occidentales. Le meilleur est d'une couleur rouge, noirâtre, et d'une odeur suave. La dose est de douze à quinze gouttes.

Le *musc* ; le bon est d'une couleur de fer, noirâtre, onctueux, d'un goût agréable, amer, et d'une bonne odeur. On le trouve dans le corps d'un animal des Indes qui ressemble au bouc.

Le *castoreum* ; il est d'un goût âcre, amer, dégoûtant, et d'une odeur forte. On le tire du castor qui est un animal amphibie. On nous l'apporte de la baie d'Hudson, de la Nouvelle-Angleterre et de Russie. On le prend en substance jusqu'à un demi-gros. Il est d'un usage fort étendu en médecine.

L'ambre gris ; c'est une sorte de bitume qui se forme dans les rochers et qui est lavé par les eaux de la mer et jeté sur le rivage par les vagues. C'est une substance grasse, solide, légère, de couleur de cendres, semée de petites taches blanches.

Le *succin* ; il est dur, aride, fragile, transparent, tantôt jaune ou citrin, tantôt blanchâtre, tantôt roux ; d'un goût de bitume un peu âcre et un peu astringent. Il a une odeur agréable de bitume lorsqu'on l'échauffe. S'il est échauffé par le frottement, il attire la paille.

Outre les substances que je viens de nommer, il y en a beaucoup d'autres qui sont échauffantes de leur nature et dont on se sert comme aliment : mais elles sont fort connues et je les passe sous silence. Pour ne rien laisser à désirer sur cette matière, je vais donner la recette de différentes compositions qui sont très utiles à tous ceux qui sont d'une constitution froide.

TEINTURE APHRODISIAQUE

Prenez du *ros solis*, quatre poignées ; de la cannelle, de la noix muscade, du macis, des clous de girofle, du gingembre, une once de chacun ; du musc, quatre grains ; de l'esprit de vin, huit livres. Mettez le tout ensemble en digestion pendant vingt jours ; après quoi coulez la teinture, dissolvez-y une livre de sucre et mettez-la dans un vaisseau fermé pour l'usage. La dose est d'une petite cuillerée à café.

CONSERVE APHRODISIAQUE

Prenez des racines de satyrion ; faites-les cuire dans de l'eau jusqu'à ce qu'elles soient en bouillie et passez-les. Prenez une livre de cette pulpe et une livre de sucre cuit dans la décoction de la racine jusqu'à la consistance du miel. Mêlez-les et faites une conserve suivant les règles de l'art. La dose est d'un gros.

POUDRE APHRODISIAQUE

Prenez de la cannelle, de la racine d'angélique, des clous de girofle, du macis, de la noix muscade, des feuilles d'Inde et du galanga, trois gros de chacun ; du nard des Indes, des grands et des petits cardamomes, un gros de chaque ; du gingembre, un gros et demi ; du bois d'aloès, du santal jaune, du poivre long, deux gros de chaque ; réduisez-les en poudre. La dose est d'un demi-gros, dans du bouillon ou du bon vin.

ÉLECTUAIRE APHRODISIAQUE

Prenez du chocolat en poudre et des amandes douces blanchies, une once de chaque ; du sucre fin et de la conserve de roses rouges, une once et demie de chaque. Battez le tout dans un mortier avec une suffisante quantité de suc de kermès ; ajoutez-y deux scrupules de baume de La Mecque, une once de sirop de baume, et faites-en un électuaire. On peut en user trois ou quatre fois par jour de la grosseur d'une noix muscade.

Il serait inutile de multiplier davantage les recettes de cette espèce ; en voilà, je pense, assez pour satisfaire différents goûts. Je n'ai pas voulu m'en tenir à une seule composition, parce qu'il y a certaines substances qui déplaisent ou qui répugnent à certaines personnes.

Après avoir traité des moyens capables d'exciter aux plaisirs de Vénus, je dois encore, pour satisfaire tous les lecteurs, parler des secours propres à ralentir la passion de l'amour. Il y a plus d'un célibataire qui ne peut éteindre les feux qui le dévorent sans s'exposer à être la victime de quelques prostituées ; cela étant, n'est-il pas nécessaire de les instruire de la nature des remèdes qui leur sont propres pour tempérer en eux l'ardeur de la déesse de Paphos ? Ce n'est pas, il est vrai, bien nécessaire qu'il y ait des célibataires ; cet état afflige et répugne à la nature ; mais ne pouvant changer nos mœurs, nos préjugés, nos sottises, cherchons au moins à adoucir le sort de nos semblables.

Les remèdes froids et tempérants sont non seulement utiles aux célibataires, mais encore à certains mariés. Lorsque, par exemple, l'homme est si vigoureux que ses caresses altèrent la santé de sa femme, il doit avoir recours aux médicaments rafraîchissants plutôt qu'aux *catins* : si la femme est de même la plus emportée sur l'article, il faut qu'elle tempère ses humeurs plutôt que de prêter l'oreille aux fleurettes de ses voisins.

Pour ralentir la passion amoureuse, on doit se mettre à un régime rafraîchissant, se priver des liqueurs spiritueuses, des aliments trop nourrissants et aromatisés, prendre des bains de rivière si la saison le permet. Avant de se mettre au lit, on prendra de deux jours en deux jours une émulsion faite de la manière suivante.

ÉMULSION TEMPÉRANTE

Prenez de la semence de melon, de courge, un gros et demi de chaque. Vous les pilez dans un mortier et, en triturant, vous versez par-dessus un demi-setier d'eau commune. Passez et clarifiez le tout. Ajoutez à la colature une once de sirop de nénuphar. On prendra toute cette dose à la fois, deux heures après le souper.

Le sel de nitre possède au suprême degré toutes les vertus qu'on attribue à quelques plantes dont on fait un grand usage dans les couvents. Celui qui prendrait pendant quatre ou cinq jours deux gros de sel de nitre par jour ne serait certainement pas importuné par des érections ni des pollutions.

La laitue, la scarole, le pourpier, le melon, sont des substances très rafraîchissantes et dont l'usage continu éteint à coup sûr le flambeau de l'amour. Aussi remarque-t-on que les femmes voluptueuses préparent rarement les aliments de cette espèce et ne les servent presque jamais sur la table de leurs époux : elles trouvent mieux leur compte en leur présentant l'artichaut, le céleri, etc.

Ceux qu'un trop fort tempérament importune useront de l'apozème suivant, dont je conseille cependant de ne pas faire un long usage, car il rendrait absolument impuissant. Une forte dose de ce remède nouerait certainement l'aiguillette au nouveau marié le plus intrépide.

APOZÈME TEMPÉRANT

Prenez de la graine de chanvre broyée, trois onces ; de la laitue, du pourpier, du plantin, une poignée et demie de chacune ; des quatre semences froides deux onces ; faites bouillir le tout dans six livres d'eau, jusqu'à ce qu'elles soient réduites à quatre ; coulez la décoction ; adoucissez-la avec du sucre fin ; ajoutez-y encore trois gros de sel de nitre.

Tous les acides conviennent aux personnes qui ne veulent pas connaître les plaisirs de l'amour ; ainsi les célibataires, qui sont jaloux de conserver leur chasteté, ajouteront à leur boisson (qui sera toujours de l'eau) du sirop de limon, ou de celui de vinaigre jusqu'à agréable acidité.

Il m'en coûte, sans doute, de me voir forcé de fournir des armes contre l'amour ; mais, comme je l'ai dit, il est certains préjugés qu'il faut respecter ; et ces pauvres êtres, qui ont fait vœu de n'être plus hommes, seraient bien à plaindre si l'art médical ne pénétrait dans leur solitude pour les mettre à même de triompher des pièges de Satan et de résister aux tentations de la chair.

Table des matières